EDICT DV ROY,

Portant Suppreſſion de pluſieurs Offices de Finance, & Reglement ſur le fait des Tailles, & autres.

Donné au mois de Mars 1667.

Regiſtré à la Chambre des Comptes & à la Cour des Aydes le 20. Avril audit an.

A PARIS,
Par les Imprimeurs & Libraires ordinaires du Roy.

M. DC. LXVII.

Auec Priuilege de ſa Majeſté.

LOVIS PAR LA GRACE DE DIEV ROY DE FRANCE ET DE NAVARRE: A tous presens & à venir; Salut. Comme nostre principal soin est de trauailler au soulagement de nos Sujets Taillables, pour les mettre en estat de payer sans non-valeurs les Impositions que nous mettons sur eux, & de faciliter le Recouurement de nos deniers, afin de satis-faire ponctuellement aux dépences necessaires à la conseruation de cét Estat; Nous receuons auec ioye les aduis qui nous sont apportez, contre ceux qui donnent lieu aux plaintes desdits Taillables, pour y apporter les remedes conuenables. C'est ce qui Nous a obligé pour y paruenir de faire reuoir les Reglemens des Tailles, & en mesme temps d'examiner les Aduis & Memoires à Nous enuoyez de diuers endroits, contre l'établissement de plusieurs Offices, dont la fonction est inutile & à charge à nostre Peuple & à nos Finances, auec les attributions de gages, droicts & exemptions considerables, acquises pour des sommes modiques, dont les plus riches & aisez des Parroisses ont seuls profité, ayans leué lesdits Offices & attributions pour iouïr desdites exemptions à l'oppression des paures. Ce que ne pouuans plus souffrir: A CES CAVSES, de l'aduis de nostre Conseil, & de. nostre certaine Science, pleine Puissance & Authorité Royale, Nous auons par ce present Edict signé de nostre main, perpetuel & irreuocable, reuoqué & supprimé; reuoquons & supprimons tous les Offices de Commissaires & Contrôleurs ordinaires des Guerres, les Payeurs de la Gendarmerie de France, les Offices creez ou établis en consequence de nos Edicts de 1647. & 1650. aux Compagnies des Mareschaussées, les Tresoriers Generaux des Deniers extraordinaires, les Tresoriers & Controlleurs Prouinciaux des Ponts & Chaussées, les Payeurs & Controlleurs des Gages des Tresoriers de France, ceux des Presidiaux, ceux des Compagnies du Preuost de l'Isle, Lieutenant Criminel de robecourte, Preuost General des Monnoyes, Preuost general de la Connestablie, & leurs Controlleurs, les Rentes & Augmentations de Gages assignées sur le Taillon, & ordinaire des Guerres, autres Rentes constituées sur la Doüanne de Lyon, les augmentations des Gages attribuées en 1635. aux Greffiers & autres, & toutes les attributions faites à plusieurs Officiers employez dans nos Estats au dessous de cinquante liures. Exceptons & reseruons toutefois desdites Suppressions quarante desdits Commissaires, & autant de Controlleurs ordinaires des Guerres, dont nous ferons le choix. Et afin de pouruoir au remboursement de tous les susdits Officiers, Rentes, Gages, & droicts supprimez, & autres dont sera cy-apres fait mention; ORDONNONS que les pourueûs rapporteront leurs Lettres de Prouisions & Quittances de Finances, pardeuant les Commissaires qui seront à cette fin par Nous deputez, pour apres regler lesdits remboursemens par des Estats que Nous arresterons

en

en nostre Conseil; sans que pour raison desdits remboursemens les particuliers soient obligez d'obtenir des Acquits-patents, ny Aduis de Finances, dont nous les auons déchargez & dispensez, déchargeons & dispensons par ces presentes. En attendant lesquels remboursemens lesdits Officiers proprietaires d'augmentation de Gages & Rentes supprimez, iouïront de leurs Gages, Droicts & Rentes, suiuant l'employ qui en sera fait dans nos Estats; mesme lesdits Officiers des Mareschaussées presentement supprimez de leurs fonctions, sans qu'eux ny les autres Officiers desdites Mareschaussées créez depuis le premier Ianvier 1635. ny les Officiers & Archers du Guet, créez en 1633 puissent iouïr de l'exemption de Tailles, ny les Cheualiers du Guet & leurs Lieutenans, de la qualité d'Escuyer à eux attribuée par l'Edict du mois de May audit an 1633. VOVLONS, que pour ayder ausdits remboursemens des Officiers & Archers des Mareschaussées establis en vertu des Edicts de 1647. & 1650. les anciens qui profiteront desdites Suppressions, y contribuent suiuant les Estats qui seront à cét effet arrestez en nostredit Conseil. ENIOIGNONS ausdits Officiers & Archers des Mareschaussées non supprimez, de tenir leurs Compagnies complettes & en estat de bien seruir, à peine de priuation de leurs gages. Et dautant qu'en faisant proceder à la recherche des Vsurpateurs du titre de Noblesse il a esté reconnu qu'au moyen des priuileges de Noblesse cy-deuant accordez aux Maires, Escheuins & Conseillers des Villes de Poitiers, Niort, Bourges, Angoulesme, Tours, Angers,

Abbeuille & Cognac, il ſe commet de grands abus, en ce que la pluſpart de ceux qui paruiennent auſdites Charges, ne pouuans ſatisfaire à la dépence qu'il conuient faire pour ſouſtenir cette dignité, eſtans de mediocre condition, & n'ayans que peu de biens, ſont obligez d'abandonner leur comerce & profeſſion ordinaire, & de quitter leſdites Villes pour reſider à la campagne, qu'ils peuplent de quantité de pauures Nobles, à la ſurcharge de nos Sujets Taillables. Pour à quoy remedier, Nous auons reuoqué & reuoquons leſdits priuileges pour l'auenir; VOVLONS que ceux qui en ont ioüy bien & deuëment iuſques à preſent continuënt d'en ioüir, à la charge toutefois que les deſcendans deſdits Maires, Eſcheuins & Conſeillers qui ont exercé leſdites Charges depuis l'année 1600. ſeront tenus de Nous payer les ſommes auſquelles ils ſeront moderément taxez en noſtredit Conſeil, eu égard à leurs facultez, pour eſtre confirmez en la ioüiſſance deſdits priuileges, ſans eſtre tenus de prendre Lettres de Nous, dont nous les diſpenſons. VOVLONS neanmoins que ceux qui renonceront audit titre de Nobleſſe, ſoient déchargez du payement deſdites Taxes, ce qu'ils ſeront tenus de declarer aux Greffes des Eſlections, ſix ſemaines apres la publication des preſentes: Et en cas de ſubmiſſion au payement deſdites Taxes, qu'ils ſeront obligez d'y ſatisfaire dans les termes qui leur ſeront pour ce prefix, à peine d'eſtre décheus deſdits priuileges. Et ayans eſté informez, qu'encore que par les Reglemens des Tailles les Eccleſiaſtiques ne puiſſent tenir qu'vne Ferme par leurs mains ; Neanmoins aucuns d'eux ont obtenu par ſurpriſe des Lettres, par leſquelles il leur a eſté accordé d'exploiter tous les heritages qu'ils pourront acquerir, ſans payer aucune Taille pour raiſon de ce, dont les Habitans d'aucunes Parroiſſes s'étans plaints, Nous auons reſolu de leur pouruoir ; & pour cét effet Nous auons reuoqué & reuoquons leſdites Lettres, enſemble les Arreſts de nos Cours des Aydes donnez en conſequence. VOVLONS que leſdits Eccleſiaſtiques ioüiſſent ſeulement de ce qui leur a eſté accordé par les Reglemẽs des Tailles de 1643. & 1664. ainſi qu'il ſera dit cy-apres. Et parce que noſtre Cour des Aydes iugeant des appellations des cottes d'office faites par les Commiſſaires départis en nos Prouinces auec les Officiers des Eſlections, ſur les plus riches & aiſez des Parroiſſes, n'en confirme aucunes, & condamne toûjours les Habitans des Parroiſſes à faire des rejets, & à des dépens, dommages & intereſts exceſſifs, qui les ruinent, & mettent dans l'impuiſſance de payer leurs Impoſitions ordinaires. Nous voulons qu'en cas d'appel des Iugemens rendus ſur les oppoſitions deſdites Taxes d'office, les appellations ſoient releuées en noſtre Conſeil, pour y eſtre iugées pendant deux années au rapport des Commiſſaires que Nous deputerons à cét effet, ainſi qu'il ſe pratique pour la Normandie, en conſequence du Reglement du mois d'Aouſt 1664. regiſtré en noſtre Cour des Aydes de ladite Prouince : & cependant ſeront leſdites Taxes payées par prouiſion. Et comme noſtredite Cour des Aydes ſe diſpenſe ſouuent de l'obſeruation des Reglemens, y donnant des explications differentes, principalement pour le faict des Collecteurs des Tailles, Novs Vovlons qu'au commencement d'Octobre de l'année qui precedera les Impositions, les Habitans de chacune Parroisse soient tenus d'en nommer de bons & soluables dans les formes ordinaires, & que ceux qui pretendront s'en faire décharger se pouruoient huict iours apres leurs nominations deuant les Esleus qui les iugeront à l'Audiance dans le dernier Nouembre. Et en cas d'appel, les appellations seront iugées par ladite Cour, sommairement & definitiuement dans le 15. Ianvier ensuiuant, apres lequel temps passé les Collecteurs qui se trouueront nommez par les Habitans, demeureront & feront leurs Charges. Et où lesdits Habitans auront esté negligens de nommer des Collecteurs dans le susdit iour dernier Nouembre, Vovlons qu'il en soit nommé d'office par lesdits Commissaires par Nous départis, auec les Esleus, ou par lesdits Esleus seuls, en l'absence desdits Commissaires dans le 15. Decembre, & s'il est interietté appel desdites nominations d'office, que les appellations soient iugées difinitiuemēt par ladite Cour des Aydes dans ledit iour 15. Ianvier, sinon les nominations d'office tiendront, & seront executées, sans que l'on se puisse plus pouruoir contre icelles, à peine de nullité. Et dautant qu'aucuns Ecclesiastiques, Gentils-hommes, Cheualiers de Malthe, Officiers priuilegiez & Bourgeois de nostre bonne ville de Paris, abusans de la faculté à eux accordée par les Reglemens de 1643. & 1663. de tenir vne Ferme par leurs mains, sans payer

payer Taille, pour raison de ce joignent plusieurs Fermes en vne, y en ayant tel qui fait exploiter le labour de huict & dix charruës par des gens qui se disent leurs valets, & lesquels neanmoins se trouuẽt souuent leurs Fermiers par des Baux secrets, ce qui tourne au grand preiudice des pauures Taillables. NOVS ORDONNONS que lesdits Ecclesiastiques, Gentils-hõmes, Cheualiers de Malthe, Officiers Priuilegiez, & Bourgeois de Paris, ne pourront tenir qu'vne Ferme par leurs mains dans vne mesme Paroisse, & sans fraude; Sçauoir lesdits Ecclesiastiques, Gentils-hommes & Cheualiers de Malthe, le Labour de quatre charruës, & lesdits Officiers priuilegiez & Bourgeois de Paris, deux charruës chacun, sans qu'ils puissent jouïr de ce priuilege que dans vne seule parroisse; & s'ils ont des heritages ailleurs, ils seront tenus de les bailler à Ferme à gens taillables: Autrement ils seront eux-mesmes cottisez, comme seroit vn Fermier qui exploiteroit lesdits heritages par lesdits Commissaires departis, & Officiers des Eslections. DEFFENDONS à nostredite Cour de donner aucuns Arrests contraires à ces presentes, & aux Reglemens precedens, & au Greffier d'icelle d'en déliurer aucunes expeditions, que les noms des Rapporteurs n'y soient inserez, à peine d'interdiction de sa charge; & aux Procureurs Postulans, de presenter aucunes requestes à ladite Cour pour le fait de la Taille, sinon en cas d'appel des Iugemens des Esleus, aussi à peine d'interdiction. Et nous ayant esté remonstré que les Offices de President & de Procureur pour nous en l'Eslection de Paris sont de grande cõſideration, ladite Eſlection eſtant compoſée de quatre cens trente-quatre Parroiſſes, & les Officiers d'icelle en poſſeſſion de connoiſtre non ſeulement de la Taille, mais des droicts de nos principales Fermes; & qu'il nous importe que ces deux charges ſoient remplies de perſonnes d'experience, de probité, & affectiõnez à noſtre ſeruice : Nous auons fixé ledit Office de Preſident à ſoixante-douze mille liures, & celuy de noſtre Procureur & Aduocat poſſedez par vne meſme perſonne; Sçauoir le Procureur à cinquante mille liures, & l'Aduocat à quatre mille liures; ſur lequel pied les veuves, enfans & heritiers ſeront par nous rembourſez en cas de mutation; moyennant quoy nous nous reſeruons d'y pouruoir qui bon nous ſemblera. Et parce qu'au moyen des diſtractions faites par ſurpriſes de certains hameaux du corps des Parroiſſes dont ils ont eſté dependans de temps immemorial, il arriue des nonualeurs, & autres inconueniens. NOVS VOVLONS que tous leſdits Hameaux ſoient reünis au corps des Parroiſſes dont ils ont eſté diſtraits, nonobſtant toutes Lettres, Arreſts de noſtre Conſeil, & Sentences des Officiers des Eſlections donnez depuis le premier Ianuier 1647. ET VOVLANS reſtablir vne Eſlection particuliere à Marenues, l'Eſlection en chef, eſtant à preſent ſupprimée par noſtre Edict du mois d'Aouſt 1661. NOVS AVONS par ces preſentes rétably ladite Eſlection particuliere audit lieu de Marennes, & en tant que beſoin ſeroit creé & erigé en titre d'Office, formé vn Eſleu particulier, vn Lieutenant, vn Procureur pour nous, vn Receueur, & vn Greffier, lesquels feront chacun an le departement de la somme de trente-quatre mille liures, à quoy la Taille des Parroisses dependantes du Gouuernement de Broüage & Isle d'Osleron a esté cydeuant abonnée; lesquels Esleu & Lieutenant connoistront de tous les differens qui pourrõt naistre en execution desdits departemens, sauf l'appel en nostredite Cour des Aydes de Paris; & joüiront lesdits cinq Officiers des Priuileges, dont joüissent bien & deuëment ceux qui sont pourueûs de semblables Offices aux Eslections particulieres, & de sept cens liures de gages à prendre sur la leuée desdites trente-quatre mille liures, dont ils seront payez chacun an, sans aucun retrãchement par ledit Receueur, suiuant le fonds qui sera laissé dans nos Estats, en vertu des Prouisions que nous ferons expedier à ceux qui leueront lesdits Offices. Et nous ayant esté remonstré que l'Eslection de Franc-Aleu n'estant cõposée que de trente Parroisses, & que les Officiers sont à charge à nostre Peuple; NOVS AVONS de la mesme authorité que dessus supprimé & supprimons ladite Eslection, ensemble les Officiers d'icelle: Ordonnons que lesdites Parroisses seront rejointes aux Eslections voisines, suiuant l'estat qui en sera arresté en nostre Conseil, & sera par nous pourueû au remboursement desdits Officiers, ainsi qu'il a esté fait pour semblables Eslections supprimées en consequence de nostre Edict du mois d'Aoust mil six cens soixante-vn. SI DONNONS EN MANDEMENT à nos amez & feaux Conseillers les Gens tenans nostre Chambre des Comptes

& Coür des Aydes à Paris, que le present Edict ils ayent à faire lire, publier & enregistrer, & le contenu en iceluy garder & obseruer de point en point selon sa forme & teneur, sans souffrir qu'il y soit contreuenu, nonobstant tous autres Edicts, Declarations, Reglemens & Arrests, & autres Lettres quelconques à ce contraires, ausquelles & aux derogatoires des derogatoires y contenuës, NOVS auons derogé & derogeons par cesdites presentes, nonobstant oppositions ou appellations quelconques. Voulons qu'aux copies desdites presentes collationnées par l'vn de nos amez & feaux Conseillers Secretaires foy soit adioustée comme à l'Original. CAR TEL EST NOSTRE PLAISIR. Et affin que ce soit chose ferme & stable à tousiours, Nous y auons fait mettre nostre Seel: DONNÉ à S.Germain en Laye au mois de Mars l'an de grace 1667. & de nostre regne le 24. Signé LOVIS, & plus bas, Par le Roy, DE GVENEGAVD, & seellé du grand sceau de cire verte, en lacs de soye rouge & verte.

Leu, publié & Registré en la Chambre des Comptes, oüy & ce requerant le Procureur General du Roy de l'ordre de sa Maiesté, porté par Monseigneur son frere vnique, Duc d'Orleans, venu exprés en ladite Chambre, assisté du sieur du Plessis-Praslain Mareschal de France, & des sieurs d'Aligre & Hotman Conseillers d'Estat, le 20. iour d'Auril 1667. Signé, RICHER.

Leuës, publiées & registrées, du tres-exprés com-

man-

mandement du Roy, porté par Monſeigneur le Duc d'Enguyen Prince du Sang, aſſiſté du ſieur d'Eſtampes Mareſchal de France, & des ſieurs Puſſort Conſeiller ordinaire du Roy en ſes Conſeils; & Roüillé auſſi Conſeiller du Roy en ſes Conſeils, & Maiſtre des Requeſtes ordinaire de ſon Hoſtel: Oüy & ce requerant ſon Procureur General, pour eſtre executé ſelon leur forme & teneur; & ordonne que copies collationnées ſeront enuoyées és Sieges des Eſlections du reſſort de la Cour, pour y eſtre pareillement leuës, publiées & regiſtrées: Enjoint au Subſtitut dudit Procureur General du Roy, de faire toutes diligences & requiſitions à ce neceſſaires, & d'en certifier la Cour au mois. A Paris en la Cour des Aydes, les Chambres aſſemblées le vingtiéme iour d'Auril mil ſix cens ſoixante-ſept: Signé, BOVCHER.

Collationné à l'Original par moy Conſeiller, Secretaire du Roy, Maiſon Couronne de France, & de ſes Finances.

www.ingramcontent.com/pod-product-compliance
Lightning Source LLC
LaVergne TN
LVHW012026170826
845678LV00004BA/1654

* 9 7 8 2 3 2 9 6 1 9 8 3 5 *